Stufe 1

LeseLernWissen

Piraten

Denise Ryan

Xenos

Inhalt

Seeräuber 4
Piratenkarte 6
Schiffe und Flaggen 8
Piratenschatz 10
Blackbeard 12
Piratinnen 14
Piraten in Asien 16
Gefahren 18
Über die Planke gehen 20
Strafen 22
Quiz 24

Wer waren die Piraten
und was haben sie
eigentlich gemacht?
Das erfährst du hier.

Seeräuber

Piraten waren Seeräuber. Sie griffen Schiffe an und raubten ihre Ladung.

Piraten schwangen sich an Seilen auf die Schiffe.

Piratenkarte

Piraten griffen überall auf der Welt Schiffe an. Hier siehst du, wo sie im Einsatz waren.

ASIEN
EUROPA
Chinesisches Meer
AFRIKA
N
E
S

Schiffe und Flaggen

Jedes Piratenschiff hatte seine eigene Flagge. Die Besatzungen von andere Schiffen hielten nach den Piratenflaggen Ausschau.

Oft war auf den Piratenflaggen ein Totenkopf zu sehen.

Die Piratenschiffe waren klein und schnell.

Piratenschatz

Die Piraten zwangen die Schiffskapitäne, ihnen alle Wertsachen auszuhändigen.

Sie benutzten Geiseln
als Druckmittel.

Blackbeard

Der Pirat Blackbeard lebte vor 300 Jahren. Er war mit Pistolen und Entermessern bewaffnet.

Blackbeard flocht sich brennende Schnüre in Bart und Haare, um furchterregend auszusehen.

brennende Schnüre
Pistole

Piratinnen

Mary Read und Ann Bonny waren zwei Piratinnen, die im Karibischen Meer Schiffe angriffen.

Sie trugen Männerkleidung, um nicht sofort als Frauen aufzufallen.

Piraten in Asien

Die Piraten im Chinesischen Meer ruderten auf großen Dschunken. Sie griffen Segelschiffe an.

Erst nahmen sie die
Besatzung gefangen,
dann versenkten sie
die Schiffe.

Gefahren

Schiffe konnten an gefährlichen Küsten gegen Felsen geschleudert werden. Dort lauerten die Piraten ihnen auf.

Die Piraten plünderten
das gekenterte Schiff.

Über die Planke

Einige grausame Piraten zwangen ihre Gefangenen, über die Planke zu gehen. Die Gefangenen ertranken im Meer.

Die meisten Piraten
warfen ihre Gefangenen
aber einfach über Bord.

Strafen

Einige Piraten wurden gefangen genommen und vor Gericht gestellt. Sie kamen ins Gefängnis oder in Arbeitslager.

Manche Piraten wurden auch ausgepeitscht, andere sogar gehängt!

Quiz

Finde zu jedem Bild das passende Wort.

Blackbeard

Totenkopfflagge

Dschunke

Piratenschatz